Um mês com a
Rainha do céu

IRMÃ IVONETE KURTEN
FRANCISCO EDUARDO

Um mês com a
Rainha do céu

REFLETINDO A SALVE-RAINHA

Paulinas

Dados Internacionais de Catalogação na Publicação (CIP)

Kurten, Ivonete
   Um mês com a rainha do céu : refletindo a Salve-Rainha / Ivonete Kurten, Francisco Eduardo de Souza Santos. – São Paulo : Paulinas, 2017.
   (Coleção um mês com –)

   ISBN: 978-85-356-4261-2

   1. Maria, Virgem, Santa 2. Orações 3. Salve-Rainha 4. Salve-Rainha - Meditações I. Santos, Francisco Eduardo de Souza II. Título III. Série.

16-00302   CDD-242.74

Índice para catálogo sistemático:
1. Salve-Rainha : Meditações : Cristianismo   242.74

1ª edição – 2017
3ª reimpressão – 2023

Direção-geral:	Bernadete Boff
Editora responsável:	Vera Ivanise Bombonatto
Copidesque:	Ana Cecilia Mari
Coordenação de revisão:	Marina Mendonça
Revisão:	Sandra Sinzato
Gerente de produção:	Felício Calegaro Neto
Projeto gráfico:	Manuel Rebelato Miramontes
Diagramação:	Jéssica Diniz Souza

Nenhuma parte desta obra poderá ser reproduzida ou transmitida por qualquer forma e/ou quaisquer meios (eletrônico ou mecânico, incluindo fotocópia e gravação) ou arquivada em qualquer sistema ou banco de dados sem permissão escrita da Editora. Direitos reservados.

Paulinas

Rua Dona Inácia Uchoa, 62
04110-020 – São Paulo – SP (Brasil)
Tel.: (11) 2125-3500
http://www.paulinas.com.br – editora@paulinas.com.br
Telemarketing e SAC: 0800-7010081
© Pia Sociedade Filhas de São Paulo – São Paulo, 2017

Sumário

Apresentação 7
Meditações para cada dia do mês 15
  1º Salve, Rainha 17
  2º Mãe 20
  3º Mãe de misericórdia 22
  4º Vida nossa 25
  5º Doçura nossa 27
  6º Esperança nossa 30
  7º Salve! 33
  8º A vós bradamos 36
  9º Os degredados 39
  10º Filhos de Eva 42
  11º A vós suspiramos 45
  12º Gemendo e chorando neste vale de lágrimas 48
  13º Eia, pois, Advogada nossa 50
  14º Esses vossos olhos misericordiosos a nós volvei ... 52
  15º E depois deste desterro 54

16º Mostrai-nos Jesus 57

17º Bendito fruto de vosso ventre 60

18º Ó clemente 63

19º Ó piedosa 65

20º Ó doce 68

21º Sempre Virgem Maria 71

22º Rogai por nós 74

23º Santa Mãe de Deus 77

24º Para que sejamos dignos 80

25º As promessas de Cristo 83

26º Amém 86

27º Glória ao Pai 88

28º Glória ao Filho 91

29º Glória ao Espírito Santo 94

30º Como era no princípio, agora e sempre 96

31º Consagração a Nossa Senhora 98

Apresentação

Maio é festejado, na Igreja Católica, como mês mariano, no qual se celebra de maneira singular Maria, a Mãe de Jesus Cristo, aquela que ele mesmo deu aos seus discípulos ao pé da cruz, como diz São João no seu Evangelho (cf. Jo 19,26-27).

É uma oportunidade de missão para a Igreja. Maria é a Mãe que visita todas as comunidades e famílias. E esse é um tempo para o anúncio de Jesus Cristo. Maria é Mãe da esperança e da misericórdia. Nela o Espírito Santo trabalhou e nela a Palavra de Deus se encarnou. Com Nossa Senhora em nossa casa, teremos mais audácia para falar de seu Filho Jesus.

O Papa Francisco, na Bula *Misericordiae Vultus* (MV), afirma que "a Mãe do Crucificado Ressuscitado entrou no santuário da misericórdia divina, porque participou intimamente no mistério do seu amor" (n. 24) e "guardou, no seu coração, a misericórdia divina em perfeita sintonia com o seu Filho Jesus". Assim, podemos contemplar a Virgem Maria como Mãe da Misericórdia, porque é Mãe daquele que é a Misericórdia encarnada, uma vez que "ninguém, como Maria, conheceu a profundidade do mistério de Deus feito homem. Na sua vida, tudo foi plasmado pela presença da misericórdia feita carne" (MV, n. 24) – Jesus Cristo.

A palavra misericórdia é definida como um sentimento de compaixão, diante da infelicidade, dificuldade e miséria de alguém. Tem origem latina e é formada pela junção das palavras *miserere* (ter compaixão) e *cordis* (coração). Compaixão é a capacidade de sentir o que a outra pessoa sente, aproximar os meus sentimentos dos sentimentos dos outros, ser solidário com as pessoas. É ter um coração cheio das misérias dos outros.

Desde pequenos aprendemos a dizer: "Salve, Rainha, Mãe de Misericórdia". E como é importante para a nossa espiritualidade saber que, em meio a tantos sofrimentos e crise de todo tipo, podemos contar com o olhar materno e a proximidade de uma mãe que nos enche de esperança e renova nossa fé naquele que é o Senhor de todas as coisas e conduz a nossa vida.

O Apocalipse de João nos oferece uma imagem da vitória final sobre todos os males, quando diz que uma mulher, sofrendo as dores de parto e, ao mesmo tempo, ameaçada pelas forças do mal, é o sinal (Ap 12,1-17). Sim, em tempos de crise e de insegurança, é hora de novamente invocarmos a intercessão da Virgem Mãe, para que, do seu olhar de ternura, aprendamos a esperar sempre no seu Filho. É ela quem ensina: "Façam tudo o que ele vos disser" (Jo 2,5).

Maria é Mãe de misericórdia pelo sim incondicional dado a Deus e, ao mesmo tempo, porque nos faz pensar e esperar naquele que é Fonte da Misericórdia; porque é "advogada nossa" e volta para nós os seus olhos misericordiosos levando as nossas preces ao seu Filho Jesus, como nos lembra o Papa Francisco: "a Igreja, quando busca Cristo, bate sempre à casa da Mãe e pede: 'Mostrai-nos Jesus'. É de Maria que se aprende o verdadeiro discipulado" (Papa Francisco, homilia, 24/7/2013, Aparecida-SP).

Que neste livro possamos nos encontrar com a Mãe de Misericórdia, Vida nossa!

Salve-Rainha

Salve, Rainha, Mãe de misericórdia, vida, doçura, esperança nossa, salve! A vós bradamos, os degredados filhos de Eva, a vós suspiramos, gemendo e chorando neste vale de lágrimas. Eia, pois, Advogada nossa, esses vossos olhos misericordiosos a nós volvei, e depois deste desterro mostrai-nos Jesus, bendito fruto de vosso ventre, ó clemente, ó piedosa, ó doce sempre Virgem Maria.

– Rogai por nós, Santa Mãe de Deus!
– Para que sejamos dignos das promessas de Cristo.

Origem da oração Salve-Rainha

A autoria da oração é atribuída a Hermano Contracto, monge beneditino que a teria escrito por volta de 1050, no mosteiro de Reichenau, no Sacro Império Romano-Germânico.

Segundo a história, quando Hermano nasceu, foi-lhe constatado raquitismo e malformação.

Sua mãe, Miltreed, consagrou-o a Maria, sendo educado na devoção a ela. Seus pais o entregaram ao mosteiro de Reichenau, aos sete anos de idade, para ser instruído nas ciências e artes. Anos depois, foi admitido como monge no próprio mosteiro. Ficou conhecido como um bom astrônomo, físico, matemático, poeta e músico. Chegou a ser mestre dos noviços. A sua vida foi marcada por muito sofrimento, a ponto de ele escrever: "De três modos pode-se sofrer: estando inocente, como Nosso Senhor na cruz; estando culpado, como o bom ladrão; e fazendo penitência. Eu quero carregar minha cruz para satisfazer por meus pecados e pelos pecados dos outros. É este o meio mais seguro de se chegar à glória do céu. Mas me sinto muito fraco. O demônio quer me fazer vacilar. Mãe do céu, ajudai-me, para que, como vós, eu não murmure e não me queixe, mas reconheça no sofrimento uma prova do amor de Deus".

Nessa época, a Europa central convivia com grandes calamidades naturais, epidemias, miséria, fome e a ameaça contínua dos povos nômades do Leste, que invadiam os povoados, saqueando-os e matando as pessoas.

Em 1050, passando por muitos sofrimentos, Hermano rezou em sua cela, diante de um quadro de Nossa Senhora, por quem tinha devoção especial. Em seu coração, nasceu a prece: "Salve, Rainha, Mãe de misericórdia, vida, doçura, esperança nossa, salve! A vós bradamos, os degredados filhos de Eva. A vós suspiramos, gemendo e chorando neste vale de lágrimas. Eia, pois, Advogada nossa, esses vossos olhos misericordiosos a nós volvei, e depois deste desterro mostrai-nos Jesus, bendito fruto de vosso ventre!".

Quando veio a ser conhecida pelos fiéis, a Salve-Rainha (em latim: *Salve Regina*) teve um enorme sucesso, e logo passou a ser rezada e cantada em muitos locais. Um século mais tarde (1146), ela foi cantada também na Catedral de Speyer, na Alemanha, por ocasião de um encontro de personalidades importantes, entre elas, a do Imperador Conrado III e de São Bernardo, conhecido como o "cantor da Virgem Maria", um dos primeiros a chamá-la de "Nossa Senhora".

Dizem que foi nesse dia e lugar que, ao concluir o canto da "Salve-Rainha", cujas últimas palavras eram "mostrai-nos Jesus, bendito fruto de vosso ventre", no silêncio que se seguiu, São Bernardo gritou sozinho no meio da catedral: "Ó clemente, ó piedosa, ó doce sempre Virgem Maria"... A partir dessa data, estas palavras foram incorporadas à oração original.[1]

Nos séculos XII e XIII, o costume de cantá-la logo após a oração das Completas difundiu-se rapidamente. Faziam--no igualmente os monges cistercienses desde 1218 e os

---

[1] Em: <http://www.freifrancisco.com.br/2015/05/salve-rainha.html>. Acessado: 18/06/2016.

dominicanos desde 1226. Em 1239, o Papa Gregório IX introduziu esse cântico nas Igrejas de Roma. Encaminhavam-se os monges, de velas acesas, para um altar lateral e ali a entoavam. No início, o hino dizia: "Salve, Rainha de Misericórdia". No século XVI, foi-lhe introduzida a palavra "Mãe". Desde então se lê no Breviário romano: Salve, Rainha, Mãe de Misericórdia.

Hoje a oração da Salve-Rainha é feita em todas as comunidades cristãs em muitos momentos, mas, de modo especial, logo após a oração do terço, colocando no coração de Nossa Senhora todas as necessidades das famílias que invocam o nome: Maria, salve Rainha!

Orações

Pai-Nosso

Pai nosso que estais nos céus, santificado seja o vosso nome, venha a nós o vosso Reino, seja feita a vossa vontade, assim na terra como no céu; o pão nosso de cada dia nos dai hoje, perdoai-nos as nossas ofensas, assim como nós perdoamos a quem nos tem ofendido, e não nos deixeis cair em tentação, mas livrai-nos do mal.

Ave-Maria

Ave, Maria, cheia de graça, o Senhor é convosco; bendita sois vós entre as mulheres e bendito é o fruto do vosso ventre,

Jesus. Santa Maria, mãe de Deus, rogai por nós pecadores, agora e na hora de nossa morte. Amém.

Glória

Glória ao Pai, ao Filho e ao Espírito Santo! Como era no princípio, agora e sempre. Amém.

Meditações
para cada dia do mês

1º Salve, Rainha

"Jesus, lembra-te de mim quando chegares a teu reino"

Um dos malfeitores ali suspensos blasfemava contra ele: "Não és tu o Cristo? Salva-te a ti mesmo e a nós!" Mas o outro, repreendendo-o, disse: "Não temes a Deus, tu, que sofres a mesma condenação? Nós sofremos justamente, pois recebemos o que merecemos por nossos atos; ele, porém, não fez nenhum mal". E dizia: "Jesus, lembra-te de mim quando chegares a teu reino". E ele disse-lhe: "Amém, eu te digo: hoje estarás comigo no Paraíso" (Lc 23,39-43).

Reflexão

Maria estava ao pé da cruz, diante do Rei que morria com o coração transpassado pela lança e, certamente, pensava no que o anjo lhe havia dito na anunciação: "Conceberás em teu seio; darás à luz um filho e o chamarás de Jesus. Ele será grande e será chamado Filho do Altíssimo. O Senhor Deus lhe dará o trono de seu Pai Davi; reinará para sempre sobre a casa de Jacó, e seu reino não terá fim" (Lc 1,31-33).

Maria estava ao pé da cruz onde morria o Rei, diante de quem, como os Magos, nós também nos prostramos com amor e fé. Ela é a mãe do Rei que morre na cruz. Mas por que ela é a nossa Rainha e por que, quando necessitamos, a invocamos com um salve, Rainha? Assim nos dirigimos a ela porque sabemos que, sempre e em todos os tempos, ela oferece seu Filho ao mundo, pela nossa salvação. Como Jesus, ela doa a sua e a vida do seu amado Filho a nós. Tem as mesmas qualidades do Filho: é humilde, pobre, prefere os desvalidos, é atenciosa e intercede pelas necessidades humanas: "Eles não têm mais vinho".

Com toda a Igreja, dizemos: "Tu és nossa Rainha e, por isso, muitos vêm a ti, porque és a Rainha poderosa do céu e da terra, que intercede por nós. Rainha porque escuta, acolhe e nos leva a Jesus".

Oração

Senhor, nós te agradecemos porque do alto da cruz nos deste Maria como Mãe.

Maria, nossa Rainha, Mãe do Filho de Deus, nosso Rei, ajuda-nos a cultivar um coração que conserva e medita todas as coisas no coração, como tu fazias.

Dá-nos a capacidade de alimentar a dimensão orante de nossa vida, fazendo-nos pessoas contemplativas e unidas ao teu Filho.

Dá-nos coragem e fortaleza nos momentos de dor e sofrimento.

Ajuda-nos a encontrar as palavras certas para consolar as pessoas e a ter um ouvido atento à Palavra de Deus e às vozes dos pobres e de todas as pessoas que pedem a nossa ajuda.

Fortalece-nos na missão de sermos testemunhas de teu Filho neste dia. Amém.

Pai nosso...

Ave, Maria...

Glória ao Pai, ao Filho e ao Espírito Santo... Amém.

2º Mãe

"Eis a tua mãe"

Estavam junto à cruz de Jesus sua mãe, a irmã de sua mãe, Maria de Cléofas, e Maria de Mágdala. Jesus, tendo visto a mãe e, ao seu lado, aquele discípulo que ele amava, disse à mãe: "Mulher, eis teu filho". Depois, disse ao discípulo: "Eis a tua mãe". E, a partir daquela hora, o discípulo a tomou consigo (Jo 19,25-27).

Reflexão

Essa é a prova de grande amor de Jesus por nós. Amou até o fim aqueles e aquelas que se identificaram com o seu projeto de vida e deu a eles Maria como Mãe. O nosso discipulado nos caracteriza, a partir deste momento, ao pé da cruz, como herdeiros de um amor incondicional, "amor materno". O amor de mãe costuma ser mais estável, confiável, puro e supera melhor as dificuldades. Porém, junto com o amor de Deus, que morre numa cruz pela humanidade, torna-se amor incondicional e só pode partir de Deus. A Maria é dada a capacidade de amar incondicionalmente, e nos aceita como seus filhos.

Na pessoa do discípulo amado, somos entregues a Maria, que se torna Mãe da humanidade; é um amor familiar. Ela é, sem dúvida, uma Mãe de fé, cuja fidelidade absoluta ao projeto de Deus se derrama em amor ao Filho que, em todos os momentos, se faz presente: desde Belém até Jerusalém e como Mãe intercessora, se faz presente hoje nas conquistas e tribulações daqueles que lhe pedem auxílio e proteção.

Oração

Ó doce Mãe Maria, tu acolheste Jesus e sofreste por teu Jesus no caminho doloroso até o calvário e, ao pé da cruz, como discípula fiel, acolheste a todos nós como teus filhos.

Pedimos-te por nossos jovens, para que não cedam à tentação de seguir o caminho mais fácil, mas que abracem a cruz da própria vida e confiem que são capazes de vencer os desafios e dificuldades que a vida apresenta.

Recebe, Mãe, cada um de nós que estamos caminhando neste mês mais próximo a ti. Dá-nos a capacidade de amar sem medida, mesmo levando em conta nossas limitações e pecados. Fica próxima de nós.

Dá-nos perseverança e todas as graças de que necessitamos para trilharmos o caminho do bem. Amém.

Pai nosso...

Ave, Maria...

Glória ao Pai, ao Filho e ao Espírito Santo... Amém.

3º Mãe de misericórdia

"... vem em meu auxílio"

"Ó meu Senhor, nosso Rei, tu és o único! Vem em meu auxílio, pois estou só e não tenho outra proteção fora de ti, pois vou expor minha vida. Aprendi desde a infância no seio de minha família que foste tu, Senhor, que escolheste Israel entre todos os povos e os nossos pais entre todos os seus antepassados, para ser a tua herança perpétua; e os trataste como lhes prometeste. Recorda-te, Senhor, manifesta-te no dia de nossa tribulação! A mim, dá-me coragem, Rei dos deuses e dominador de toda autoridade. Põe em meus lábios um discurso atraente, quando eu estiver diante do leão, muda seu coração, para o ódio de nosso inimigo, para que ele pereça com todos os seus cúmplices. A nós, nos salva com tua mão e vem em meu auxílio, pois estou só e nada tenho fora de ti, Senhor!" (Est 4,17k-17l.17q-17s).

Reflexão

A palavra misericórdia é definida como um sentimento de compaixão, diante da infelicidade, dificuldade e miséria de alguém. Ester, personagem bíblica do Primeiro

Testamento, é uma mulher de escuta, de silêncio, de oração por um povo e, ao mesmo tempo, de confiança em Deus, que realiza seu plano de salvação.

Ao falarmos de uma personagem bíblica com essas características, pensamos em Maria, a Mãe de Jesus, uma mulher de insuperável misericórdia para com seus filhos recebidos ao pé da cruz. Como Maria, Ester também nos impressiona com seu exemplo de vida: uma mulher forte, não porque lutava com armas, mas porque tinha em Deus uma confiança incondicional e era muito humilde. Em sua oração, demonstrava confiança em Deus. Ele era o único amigo fiel com quem podia contar.

Ester é um modelo de fidelidade a Deus, mulher de fortaleza e da misericórdia de Deus para com seu povo. Arriscou sua vida e enfrentou o rei por amor a seu povo, que estava sofrendo e sendo marginalizado. Ela não pede por si mesma, mas sim pelos seus. Quando está diante do rei, diz: "Concede-me a vida, eis o meu pedido, e a vida do meu povo, eis o meu desejo" (Est 7,3). Ela sente com seu povo. Vive as dores do povo e por ele intercede.

Oração

Misericórdia! Senhor, misericórdia é o nosso clamor de hoje.

Ó Mãe de misericórdia e Mãe misericordiosa, inclina o teu ouvido ao nosso pedido.

Ajuda-nos a ter um coração grande e forte para olhar, ouvir, tocar e agir diante dos sofrimentos de nosso povo.

Dá-nos um coração cheio de compaixão em relação aos nossos erros e aos de nossos irmãos.

Concede-nos a graça de sermos misericordiosos com as pessoas que nos ofenderam e ajuda-nos a perdoar, com imensa bondade, mesmo quando acharmos que o outro não mereça o perdão.

Que possamos sentir a misericórdia Divina e teu Filho nos perdoando, apesar das nossas faltas e pecados.

Que, no nosso dia a dia, possamos carregar a bandeira da misericórdia, ter um coração bondoso e capaz de estar sempre pronto para ajudar o outro, se preocupar com o outro, sem qualquer interesse, assim como é o teu coração, nossa Mãe de misericórdia. Amém.

Pai nosso...

Ave, Maria...

Glória ao Pai, ao Filho e ao Espírito Santo... Amém.

4º Vida nossa

"Ela deu à luz o seu filho primogênito"

Naqueles dias, saiu um decreto de César Augusto para que se fizesse um recenseamento de todo o mundo habitado. Esse foi o primeiro recenseamento realizado quando Quirino era governador da Síria. Todos iam registrar-se, cada um em sua cidade. Também José, por ser da casa e da família de Davi, subiu da cidade de Nazaré, na Galileia, até a cidade de Davi, chamada Belém, na Judeia, para registrar-se com Maria, desposada com ele, que estava grávida. E, enquanto estavam ali, completaram-se os dias para ela dar à luz, e ela deu à luz o seu filho primogênito; envolveu-o com faixas e recostou-o numa manjedoura, porque não havia lugar para eles na sala (Lc 2,1-7).

Reflexão

Enquanto estavam ali, longe de casa, completaram-se os dias e Maria deu à luz a seu filho. Cuidados se fizeram necessários para que a nova vida sentisse o conforto do amor e da existência. Muitas situações por nós vividas têm início em momentos nem sempre planejados, e somos obrigados a nos despojar para acolher o inesperado. Percebemos que Maria amou e se dedicou a Deus num corpo humano, pois nele habitava a luz da vida e, seguindo seu exemplo, somos convidados a acolher a vida presente em cada um dos nossos irmãos e irmãs que se apresentam a nós "enquanto estamos ali". Eles são: sedentos, famintos, doentes, excluídos, porque são a imagem e semelhança do Deus da vida, e não é possível amar a Deus sem amar a vida presente no próximo.

Maria acolheu seu filho Jesus por toda a vida (na encarnação, no nascimento e na morte), vida essa colocada a serviço, assim como deve ser a nossa: uma vida a serviço da construção do Reino de Cristo.

Oração

Maria, trouxeste ao mundo Jesus, teu primogênito; envolveste-o com faixas e, com amor, reclinaste-o numa manjedoura, berço pouco limpo, nada bonito nem decente.

Também meu coração, Maria, é como a manjedoura de Belém, pouco limpo, nada bonito nem decente. Mas, se na manjedoura de meu coração depositas teu Filho primogênito, não serei também eu filho de Deus? Vida nossa, vem nos socorrer depressa!

Pai nosso...

Ave, Maria...

Glória ao Pai, ao Filho e ao Espírito Santo... Amém.

5º Doçura nossa

"*Shaddai* me encheu de amargura"

Noemi disse às suas noras após a morte de seus filhos: "Voltai, minhas filhas, parti, pois estou velha demais para tornar-me a casar-me! E mesmo que dissesse: ainda em mim existe esperança: esta noite mesmo estarei com o meu marido e terei filho, esperaríeis por eles até que crescessem? Renunciaríeis ao matrimônio? Não, minhas filhas! É grande a minha amargura por vossa causa, pois a mão de Iahweh pesa sobre mim".
Disse Rute: "Não insistas comigo para que te deixe, pois para onde fores, irei também, onde for tua moradia, será também a minha; teu povo será o meu povo; e teu Deus será o meu Deus".
Ao chegar de volta à sua terra disse Noemi a seu povo: "Não me chameis de Noemi; chamai-me de Mara", pois Shaddai me encheu de amargura. Parti com as mãos cheias, e Iahweh me reconduz de mãos vazias!" (Rt 1,12.16.21).

Reflexão

Poderíamos dizer que este é o desabafo de uma mulher de nosso tempo, marcada pela dor e pelas durezas da vida: "Não me chameis de Noemi (doce, agradável, formosa); chamai-me de Mara (angustiada, triste, amarga)", pois muitas e grandes têm sido as minhas amarguras. Perdi os bens, que tinha ao sair de Belém; meu esposo morreu em terra estranha e também os meus dois filhos. Não tenho nada para oferecer às minhas noras. Porém, a minha condição é pior do que a delas: sou idosa e viúva. E, nessas condições, sou a mais abandonada.

Às vezes, vivemos momentos de desolação e precisamos retornar, e só somos capazes de ver os caminhos de Deus quando as nossas tribulações, dificuldades, sofrimentos, parecem maiores que nós. Retornar para a terra original, lá onde Deus nos quer. Foi assim com Noemi e sua nora Rute, que a acompanhava.

Diante das dificuldades, Noemi compreende que Deus queria outra coisa dela e, por isso, decide voltar para Belém. Ela acreditou no Deus que sempre provê às nossas necessidades. E a doçura de Deus se manifestou na pessoa de sua nora Rute, cujo nome significa companheira, amiga e visão da beleza. Ela assume a vida, a história e o Deus de Noemi.

Rute nos lembra de como Deus se move de formas misteriosas para executar as suas maravilhas. Como ele mostra a sua ternura e doçura para com seus filhos. Essa história serve para as pessoas que se perguntam onde está Deus, quando não há sonhos ou profecias, ou quando uma tragédia acontece. Também para aquelas que se perguntam se uma vida de integridade em tempos de corrupção vale a pena. Deus é nossa doçura; Maria, com sua presença silenciosa, assim como foi Rute na vida de Noemi, é a nossa doçura, garantia de que Deus não nos abandona nunca.

Oração

Maria, doçura nossa! Como é bom contemplá-la assim. Nosso coração se aquece, quando lembramos que temos uma Mãe doce e meiga.

Obrigada, Maria, pois, mesmo diante dos sofrimentos desta vida, podemos contar com muitas mães, como tu, doces e suaves.

Ajuda-nos a sempre voltar para casa, depois das nossas desilusões, e a reconhecer os braços abertos das pessoas a nos acolher.

Pedimos por todos os pais e mães que, mesmo com dores e incertezas no coração, nunca deixaram de transmitir aos filhos a doçura de um abraço carinhoso, que gera confiança, amor e ânimo pela vida.

Senhora, nossa doçura, cuida dos pais e mães que, como Noemi, nada têm a oferecer aos filhos. Não os deixem se abater por essa condição. Inspira neles coragem de amar sem medida e até doer, pois, como diz Madre Teresa de Calcutá, quando se ama até doer, isso já não é mais dor, mas sim amor, entrega da vida. Amém.

Pai, nosso...

Ave, Maria...

Glória ao Pai, ao Filho e ao Espírito Santo... Amém.

6º Esperança nossa

"Seu filho foi arrebatado para junto de Deus"

Um grande sinal foi visto no céu: uma mulher vestida de sol, com a lua debaixo de seus pés, e, sobre sua cabeça, uma coroa com doze estrelas. Está grávida e grita, tendo dores de parto, e sofre tormentos para dar à luz. Foi visto outro sinal no céu: e eis um grande dragão vermelho que tem sete cabeças e dez chifres. Sobre as cabeças tem sete diademas. Sua cauda varreu um terço das estrelas do céu e as lançou para a terra. O dragão se postou diante da mulher que estava para dar à luz, para devorar a criança quando nascesse. E ela deu à luz um filho, um menino, o qual apascentará as nações com cetro de ferro. Seu filho foi arrebatado para junto de Deus e para junto de seu trono (Ap 12,1-5).

Reflexão

Um grande sinal foi visto... e ainda hoje muitas vezes nos perguntamos quais são os sinais que surgem e que podem ajudar-nos a manter, de pé e forte, a nossa fé no Deus que liberta seu povo. E, quando paramos para perceber a realidade em que vivemos, notamos que são muitos os sinais que vão aparecendo e que nos dizem que Deus não esqueceu seu povo: uma criança que vem à vida, vizinhos se ajudando para superar uma dificuldade comum, a dedicação de tantos voluntários que ajudam o próximo com bens materiais ou doando um tempo de serviço gratuito, um acolhimento amigo, um gesto de perdão, entre tantas outras coisas que podemos presenciar.

Maria, Nossa Senhora, continua sendo a esperança nossa junto ao Pai, pois é aquela que sempre intercede e socorre o povo nas aflições. O texto inicial nos relata a mãe que dá à luz na dor, porém, ela não esconde a alegria em ver seu filho único ser arrebatado para junto de Deus, onde será protegido e amparado de todos os perigos e males. É com base nisso que se revela a nossa esperança de que dias melhores virão para os que doam suas vidas para o bem do outro.

Oração

Maria, esperança nossa, como é bom olhar para a senhora e sentir que és um grande sinal de nossa esperança, de nossa fé e fonte de amor.

Ó Mãe, te pedimos, protege-nos como cuidaste de teu Filho Jesus. Nós nos colocamos sob os teus cuidados porque também tu és nossa querida Mãe.

Ó esperança nossa, olha com amor materno os pobres e humilhados, e a todos os que confiam em teu poderoso amparo.

Roga por nós e por nossas necessidades agora e para sempre.

Pai nosso...

Ave, Maria...

Glória ao Pai, ao Filho e ao Espírito Santo... Amém.

7º Salve!

"Viram o menino com Maria, sua mãe"

Então Herodes chamou em segredo os magos, para que lhe indicassem o tempo exato em que tinha aparecido a estrela. Depois os enviou a Belém, dizendo: "Procurai informações precisas a respeito do menino. Quando o encontrardes, avisai-me para que também eu possa ir reverenciá-lo". Depois de ouvirem o rei, eles partiram. De pronto, a estrela que tinham visto surgir começou a guiá-los até que, tendo chegado sobre o lugar onde estava o menino, se deteve. Ficaram extremamente felizes ao ver a estrela. Ao entrar na casa, viram o menino com Maria, sua mãe, e, prostrando-se, reverenciaram-no. Então abriram seus cofres e lhe ofereceram presentes: ouro, incenso e mirra (Mt 2,7-11).

Reflexão

A expressão "salve" tem o sentido de tirar ou livrar de um perigo; dar saúde a um doente; preservar. Dentro da informática essa expressão significa registrar dados num suporte, como salvar um arquivo num CD; é o mesmo que gravar, guardar. Pode ser entendida também como livrar da morte e, por fim, ser usada para saudação.

Todos esses conceitos podem ser aplicados ao acontecimento bíblico que acabamos de ler. Salve! A estrela volta a brilhar. Salve o rei que acaba de nascer! Salve a vida ameaçada pela prepotência de um rei!

As profecias se cumpriam no Menino e os magos abriram os seus cofres, oferecendo ouro, símbolo da perfeição divina e da dignidade real, o que confirma que Jesus é divino e Rei dos Judeus; incenso, perfume usado nas cerimônias e que nos remete à humanidade de Jesus, percebida por todos e em tudo o que fazia ou por onde quer que andasse; mirra, erva amarga que representa os sofrimentos e amarguras que Jesus iria sofrer. Ao presentearem o Filho de Deus vindo ao mundo, os sábios do Oriente reconhecem a divindade, realeza e a humanidade de Jesus.

Os magos viram, acreditaram e voltaram por outro caminho, para proteger a vida de Jesus. Quantas vezes somos convidados a salvar a vida, a voltar por outros "caminhos" para que o bem possa crescer e florescer. Não é o bem a nós mesmo que somos convidados a fazer, mas o bem ao outro.

Oração

Salve!

Senhor, quantas vezes em nosso caminho nos deparamos com pedidos de salve. São pedidos vindos de mães, pais, filhos, pessoas que vivem no mundo das drogas, dos vícios, pessoas em situações de rua... E, muitas vezes, nada podemos fazer quanto a isso. Parece que humanamente tudo está perdido e nos sentimos desanimados na procura de soluções.

Pedimos que nos ajude a salvar, a ter coragem de sair de nós mesmos para contribuir com uma sociedade justa e solidária.

Torna-nos fortes e destemidos para denunciar as ameaças de morte, tão presentes em nossa sociedade, pela falta de moradia, educação, saúde...

Ajuda-nos a nos engajarmos na luta por um mundo mais humano e fraterno, a começar de nossas famílias. Que saibamos pedir perdão todas as vezes que nossas ações ameaçarem a vida e a alegria das pessoas. Amém.

Pai nosso...

Ave, Maria...

Glória ao Pai, ao Filho e ao Espírito Santo... Amém.

8º A vós bradamos

"Bem-aventurado o ventre que te levou"

Enquanto ele dizia essas coisas, uma mulher da multidão levantou a voz e disse-lhe: "Bem-aventurado o ventre que te levou e os seios que te amamentaram!" Ele, porém, disse: "Melhor ainda: 'bem-aventurados os que ouvem a Palavra de Deus e a observam!'" (Lc 11,27-28).

Reflexão

Uma mulher da multidão, anônima, abandonada e quem sabe sofrendo muitas formas de injustiças e discriminação, reconhece algo excepcional na vida de Jesus. Sua bondade superava as atitudes habituais com as quais estava acostumada a ser tratada e é impelida a fazer um grande reconhecimento à Mãe, cujo Filho tem tamanha sabedoria e amor para com o ser humano. Ela exclama em voz alta, como que para chamar a atenção de todos os ouvintes. O grito dessa mulher, no meio da multidão, é, também, o daqueles que ainda hoje acreditam na participação de Maria no projeto de salvação de Deus. Maria é feliz, é reconhecida por muitos, é digna de louvor, e não apenas por ter gerado Jesus, mas essencialmente porque está no grupo daqueles que ouvem a Palavra de Deus, acreditam nela e a vivem na sua prática cotidiana.

Esse grito espontâneo sobe do meio da multidão dos humildes, cujo louvor é verdadeiro e exalta a total compreensão da citação: "faça-se em mim, segundo a tua palavra". E bradamos àquela que julgamos ser a mais agraciada de Deus. Porém, o próprio Jesus nos diz que os que vivem a Palavra de Deus no seu dia a dia não ficarão desamparados. Verão as maravilhas de Deus acontecer em sua vida.

Oração

Como é belo, ó Maria, sentir que também nós podemos ter o mesmo reconhecimento de teu Filho Jesus, quando ouvimos e colocamos em prática a Palavra de Deus. Eis-me aqui para servir.

Ó Maria, nós te veneramos, porque tu és a Mãe de Deus e nossa. Discípula fiel, nós te pedimos por todos os fiéis que participam de nossas paróquias e comunidades e pelos demais espalhados pelo mundo inteiro.

Ajuda-nos sempre a fazer a vontade de Deus em todos os dias de nossa vida.

E, quando nossas forças estiverem fraquejando, ajuda-nos a viver a Palavra de Deus.

Pai nosso...

Ave, Maria...

Glória ao Pai, ao Filho e ao Espírito Santo... Amém.

9º Os degredados

"Ao ver que fora expulso para a terra"

Ao ver que fora expulso para a terra, o dragão pôs-se a perseguir a mulher que dera à luz o filho varão. Então foram dadas à mulher as duas asas da grande águia para que voasse para o deserto, para seu lugar, onde seria alimentada por um tempo, dois tempos e metade de um tempo, fora da vista da serpente. Então a serpente lançou de sua boca água como um rio atrás da mulher para que fosse tragada pelo rio. A terra veio em socorro da mulher; a terra abriu sua boca e engoliu o rio que o dragão lançara de sua boca. O dragão ficou irado com a mulher e saiu para fazer guerra contra o restante de sua descendência, contra os que guardam os mandamentos de Deus e têm o testemunho de Jesus (Ap 12,13-17).

Reflexão

Degredado significa aquele que foi mandado embora de algum lugar, que foi exilado, expulso de sua terra. A humanidade caída pelo pecado de Adão foi expulsa do Paraíso: "E Iahweh Deus, o expulsou do jardim do Éden para cultivar o solo de onde fora tirado. Ele baniu o homem e colocou diante do jardim do Éden os querubins, e a chama da espada fulgurante para guardar o caminho da árvore da vida" (Gn 3,23-24). Assim, vivemos como degredados, enquanto estamos na terra. Afastados de Deus, afastados da plenitude da vida.

Porém, uma mulher dá à luz o Filho do homem, a vida ressurge e a luta entre as forças do bem e do mal tem início na terra. Nessa luta entre a mulher e o dragão, a natureza vem em socorro da mulher, salvando-a.

O dragão, irritado por não vencer a mulher, faz guerra contra os seus descendentes, aqueles que, ao pé da cruz, a mulher recebera como filhos. No entanto, há uma promessa para os degredados: "Ao vencedor, lhe darei comer da árvore da vida que está no paraíso de Deus" (Ap 2,7). Aquilo que Gênesis proíbe a Adão, o Apocalipse promete ao "vencedor". Essa promessa só é possível graças à morte de Jesus Cristo no "lenho" da cruz. João vê na cruz a "árvore da vida", que dá vida.

Somos filhos degredados de Eva, mas regenerados, resgatados por Jesus, o filho da mulher, Maria, nossa Mãe. Maria é a mulher que nos guarda de todo mal.

Oração

Maria, nossa mãe, reconhecemos a nossa condição de degredados. Muitas vezes nos sentimos longe da presença de Deus e de teu Filho Jesus. Reconhecemos que somos pecadores, buscamos sempre a nós mesmos egoisticamente.

Neste dia te pedimos que nos ajude a voltar para Deus. Que as nossas atitudes e ações sejam semelhantes às de Jesus, cheias de amor e misericórdia para com os outros.

Jesus disse que tudo o que fizermos, mesmo que seja um simples gesto de dar um copo de água a quem tem sede, será recompensado. Venha em nosso socorro, nossa querida Mãe, para que sejamos perseverantes no fazer o bem a todos os que de nós se achegarem e, assim, recebamos o prêmio prometido pela "árvore da vida", que dá vida: Jesus. Amém.

Pai nosso...

Ave, Maria...

Glória ao Pai, ao Filho e ao Espírito Santo... Amém.

10º Filhos de Eva

"Não tenhas receio em receber Maria, tua mulher"

A origem de Jesus, Cristo, foi assim: Maria, sua mãe, estando comprometida com José – mas antes de viverem juntos –, encontrou-se grávida por obra do Espírito Santo. José, seu esposo, sendo justo mas não querendo difamá-la publicamente, decidiu repudiá-la em segredo. Mas, enquanto ele refletia sobre isso, o anjo do Senhor apareceu-lhe em sonho e disse: "José, filho de Davi, não tenhas receio em receber Maria, tua mulher, pois o que nela foi gerado vem do Espírito Santo. Ela dará à luz um filho, e tu lhe porás o nome de Jesus, pois ele salvará seu povo de seus pecados".

Tudo isso aconteceu para que se cumprisse o que o Senhor tinha anunciado pelo profeta: "A virgem conceberá e dara à luz um filho, e ele será chamado pelo nome de Emanuel (que traduzido é: Deus-conosco)" (Mt 1,18-23).

Reflexão

José, homem justo, é convidado a tomar Maria como sua mulher, a quem ele amava, cheia de nobreza e de graça; mas que agora carrega o Filho de Deus, fruto do Espírito Santo.

A atitude de José em acolher Maria não é mais só a de recebê-la como esposa, e sim de ajudá-la no plano de salvação. Pois ela carrega no ventre a salvação da humanidade, o herdeiro do paraíso prometido a Eva na criação, e que é recuperado agora na acolhida amorosa à Mãe amada, digna de gratidão de todos os verdadeiros discípulos que acolhem o projeto do Pai.

O filho dado gratuitamente a Maria é dado do mesmo modo a José. Jesus é para os dois e para toda a humanidade puro dom, sendo oferecido, a todos os filhos de Eva, de forma gratuita e amorosa.

Oração

Senhora de Nazaré, estamos diante de ti com o coração agradecido pelo teu sim generoso, mas também nos alegramos ao sentir a presença amorosa de teu esposo José. José, com grandeza, assumiu dar um lar ao Filho de Deus.

Senhor nosso Deus, pedimos, pela intercessão da sempre Virgem Maria, a graça de permanecermos fiéis ao projeto de Deus e de, animados e animadas na fé, sermos testemunhas destemidas do Reino de amor. Que em nosso peregrinar terreno possamos, com nossa vida, falar do amor de Deus. Por Cristo, Senhor nosso. Amém.

Pai nosso...

Ave, Maria...

Glória ao Pai, ao Filho e ao Espírito Santo... Amém.

11º A vós suspiramos

"Aquele, porém, que beber da água que eu lhe der, nunca mais terá sede"

Respondeu-lhe Jesus: "todo aquele que bebe desta água terá sede novamente. Aquele, porém, que beber da água que eu lhe der, nunca mais terá sede, pois a água que eu lhe der tornar-se-á nele fonte de água jorrando para a vida eterna".
Disse-lhe a mulher: "Senhor, dá-me desta água para que eu não tenha mais sede, nem precise mais vir aqui tirá-la" (Jo 4,13-15).

Reflexão

O simples ato de suspirar de vez em quando traz benefício para os nossos pulmões, dando a sensação agradável de bem-estar. Quando o fazemos constantemente, pode significar que estamos tristes ou angustiados e ansiosos. Ao suspirarmos, conseguimos oxigenar o sangue e recebemos de imediato certo alívio.

Quando na oração rezamos "a vós suspiramos", é esse alívio que estamos buscando pela intercessão da Mãe de

Jesus. Procuramos dar um sentido novo à vida e buscamos esse suspiro no mais profundo do ser, onde habita o próprio Espírito de Deus.

O gemido que emitimos expressa a nossa tristeza de viver longe de Deus ou de não nos termos encontrado profundamente com aquele que é a "água viva". Lembramos, também, a Maria a nossa penosa e miserável situação espiritual, dizendo-lhe que suspiramos pelo bem perdido e que queremos provar, sentir a seiva que brota do coração de Jesus. Queremos que ele, assim como disse à samaritana, diga a nós: "aquele, porém, que beber da água que eu lhe der, nunca mais terá sede".

É isto que pedimos: dá-nos, Senhor, dessa água. A tua vida em nós.

Oração

A ti suspiramos, Senhora nossa.

Maria, nossa Mãe, ouvimos muitos suspiros no mundo de hoje: dor da morte, ausência de um filho, falta de emprego, rejeição, suspiros daqueles povos que vivem o drama da guerra e muitos outros.

Tudo isso nós te entregamos para ser apresentado ao teu filho Jesus. Que ele nos conceda ar novo e alívio para as dores e sofrimentos.

Queremos provar da água viva, para sermos fonte de vida para os nossos irmãos e irmãs.

Que os nossos irmãos e irmãs possam sentir a nossa presença como um sopro suave do teu amor. Amém.

Pai nosso...

Ave, Maria...

Glória ao Pai, ao Filho e ao Espírito Santo... Amém.

12º Gemendo e chorando neste vale de lágrimas

"Ele enxugará toda lágrima de seus olhos"

Vi, então, um novo céu e uma nova terra. O primeiro céu e a primeira terra passaram, e o mar não existe mais. Também vi a Cidade Santa, a Nova Jerusalém, que descia do céu, da parte de Deus, preparada como uma noiva adornada para seu marido. Ouvi uma voz forte vinda do trono, que dizia: "eis a tenda de Deus com os homens. Ele armará sua tenda com eles, e eles serão seu povo. O próprio Deus estará com eles e será o seu Deus. Ele enxugará toda lágrima de seus olhos, e não haverá mais morte, nem pranto, nem clamor, nem dor. As primeiras coisas passaram" (Ap 21,1-4).

Reflexão

No livro do Apocalipse nos é revelada uma apresentação brilhante do projeto de salvação para aqueles que, assim como Maria, acolhem a Deus. É-nos apresentado o cenário de uma cidade sem problemas, sem males, sem conflitos e insegurança. Ela está pronta para aqueles que são fiéis e têm plena confiança na presença de Deus em sua vida, aqueles que não gemem nem choram, pois têm segurança no Senhor que se faz presente em sua vida.

Essa Nova Jerusalém é realidade para aqueles que têm um encontro pessoal e verdadeiro com Cristo, assim como fez Maria, a serva que se coloca a serviço no alegre anúncio do Reino, que começa aqui e se concretiza na Jerusalém celeste. Lá onde não haverá mais nem dor, nem choro, nem lágrimas, realizando-se a promessa de que de fato só os verdadeiros adoradores podem desfrutar desse privilégio.

Oração

Ó Deus Pai consolador, que conforta a Igreja peregrina na sua caminhada rumo a Jerusalém celeste, ajudai as nossas famílias, a nossa Igreja e as nossas comunidades a reconhecerem no serviço ao outro o teu Reino.

Ajudai-nos a criar um mundo no qual não se encontrem tristezas nem males e onde tudo possa transparecer a alegria de constantemente caminharmos com Deus, que é conforto e alento. Por Cristo, nosso Senhor.

Pai nosso...

Ave, Maria...

Glória ao Pai, ao Filho e ao Espírito Santo... Amém.

13º Eia, pois, Advogada nossa

"Não vos deixarei órfãos"

"Se me amais, guardareis meus mandamentos. Pedirei ao Pai e ele vos dará outro defensor, a fim de que esteja convosco para sempre: o Espírito da verdade, que o mundo não pode receber porque não o vê, nem o conhece. Vós o conheceis porque permanece convosco e estará em vós. Não vos deixarei órfãos, venho a vós. Ainda um pouco e o mundo já não mais me verá, mas vós me vereis, porque eu vivo e também vós vivereis. Naquele dia, sabereis que eu estou em meu Pai e vós em mim, como também eu em vós" (Jo 14,15-20).

Reflexão

Advogado é o profissional que defende os interesses de pessoas, com base nas leis vigentes no país. O trabalho do advogado começa com uma conversa, na qual a pessoa expõe sua situação, explicando por que está buscando ajuda, como, por exemplo, por estar se sentindo prejudicada ou sendo acusada de alguma infração.

O título de advogada é dado à Virgem Maria porque ela é intermediária entre as pessoas, de quem ouve as súplicas, e seu Filho Jesus Cristo.

Jesus, antes de morrer, prometeu a seus discípulos que não os deixaria órfãos e que enviaria o Espírito Santo como seu defensor, mas os filhos sempre recorrem à Mãe como intercessora. Ela está próxima, parece mais carinhosa e afetuosa. Sentem-se tão filhos, que nem percebem a orfandade. Ela é Mãe e advoga em favor dos filhos, para além dos seus pecados, e os ajuda a guardar e permanecer no amor de Deus.

Oração

Eia, pois, Advogada nossa. Maria, ao pé da cruz, tu nos aceitaste como filhos teus. Teu coração dilatou-se para acolher a todos nós num abraço de paz e de amor, no momento em que teu Filho morria por nossos pecados.

Mais uma vez, vimos até ti para pedir que olhes por nós, teus filhos, que vivemos no caminho do seguimento de Jesus. Nem sempre é fácil permanecer fiel ao que ele ensinou. Somos egoístas e muitas vezes prejudicamos as pessoas com as quais vivemos.

Peça a teu Filho que nos perdoe, renove em nós os dons da graça e nos envie em abundância o Espírito Santo, para que possamos ser testemunhas vivas dele, no mundo de hoje.

Livra-nos de todo mal. Amém.

Pai nosso...

Ave, Maria...

Glória ao Pai, ao Filho e ao Espírito Santo... Amém.

14º Esses vossos olhos misericordiosos a nós volvei

"Chorai, antes, por vós mesmas e por vossos filhos"

Enquanto o conduziam, apanharam um certo Simão, de Cirene, que vinha do campo, e lhe impuseram a cruz para que a carregasse detrás de Jesus. Seguia-o uma grande multidão do povo, inclusive de mulheres que batiam no peito e se lamentavam por ele. Tendo-se voltado para elas, Jesus disse: "Filhas de Jerusalém, não choreis por mim; chorai, antes, por vós mesmas e por vossos filhos, porque vêm dias em que dirão: 'Bem-aventuradas as estéreis, os ventres que não engendraram e os seios que não amamentaram'" (Lc 23,26-29).

Reflexão

No caminho do Calvário, Jesus ainda encontra tempo para falar com as mulheres. Com um olhar misericordioso e humano, compadece-se de todas as mães que o acompanham, sofrendo com ele e clamando a misericórdia e a clemência de Deus.

Certamente, no meio delas, está Maria, que no silêncio e com olhar misericordioso acompanha o sofrimento de seu

Filho. Jesus faz um apelo às mulheres, convidando-as a chorarem não por ele, mas pelos sofrimentos de seus próprios filhos.

Ele está cumprindo a sua missão de amor em obediência ao Pai. E, de fato, o apelo de uma mãe em oração, mesmo sendo uma prece de lamento, parecido com o das mulheres de Jerusalém, é logo percebido e atendido por Deus, que tem compaixão de seus filhos.

Maria, Mãe de Jesus, é a Mãe das misericórdias que ensina, reza, intercede, silencia, envolve e faz com que toda a humanidade, nos momentos de dores e aflições, clame a Deus para que olhe pelos filhos. Ela é aquela que nos envolve em seus braços e, com olhar de ternura, toma a liberdade de interceder por nós junto a Deus, apresentando a ele todas as nossas necessidades.

Oração

Nossa Senhora, te pedimos que "esses vossos olhos misericordiosos a nós volvei". São tantas as necessidades em nossas vidas... (*silenciar por uns instantes*). Acolhe, ó Mãe, essa nossa prece silenciosa.

Senhor nosso Deus, concede-nos a graça de dar aos povos o testemunho da tua misericórdia e, por intermédio de Maria, a Mãe da Igreja, fortalece e mantém viva a nossa esperança e o nosso amor na ação misericordiosa do Pai. Amém.

Pai nosso...

Ave, Maria...

Glória ao Pai, ao Filho e ao Espírito Santo... Amém.

15º E depois deste desterro

"Pega o menino e sua mãe, e volta para Israel"

Depois que Herodes morreu, o anjo do Senhor apareceu em sonho a José no Egito e lhe disse: "Levanta-te, pega o menino e sua mãe, e volta para Israel; aqueles que procuravam tirar a vida do menino já morreram". Ele se levantou, pegou o menino e sua mãe, e entrou em Israel. Mas, quando soube que Arquelau reinava na Judeia como sucessor de seu pai, Herodes, teve medo de ir para lá. Advertido em sonho, partiu para a região da Galileia e foi morar numa cidade chamada Nazaré. Assim, cumpriu-se o que fora dito pelos profetas, que seria chamado "nazareu" (Mt 2,19-23).

Reflexão

Em muitos lugares, temos a devoção a Nossa Senhora do Desterro, Mãe de Deus e nossa, lembrando que Maria sofreu, como qualquer mãe e como qualquer pessoa, as angústias e incertezas da fuga para o exílio no Egito, a fim de proteger seu Filho ameaçado de morte por Herodes.

O desterro é o sentimento de abandono, de rejeição por parte de alguém, de um povo ou em razão de alguma situação. Maria e José se veem obrigados a abandonar o seu lar para não colocar em perigo a vida do Filho de Deus.

A oração da Salve-Rainha nos lembra de que neste mundo estamos de passagem e que no nosso caminhar encontramos alegrias – e elas são inúmeras –, tristezas, medo e dores, também. Porém, há a confiança de que são situações que passam, e uma nova luz surge na vida, após se ter vivido esse desterro, esse momento difícil. Um dia vem a notícia: pode voltar para casa, pois aqueles que ameaçavam a vida do Filho já não existem mais.

As pessoas seguem adiante e as dificuldades da vida são transpostas. O importante é manter acesa a luz da fé e esperar que o próprio Deus conduza a história e que as profecias se realizem: ele será chamado de Nazareno.

Oração

Maria, confiando em teu amor de Mãe bondosa e compreensiva, suplicamos e pedimos tua proteção para todos nós que somos peregrinos neste mundo.

Pedimos tua intercessão por todas as famílias que buscam o aconchego de um lar, a segurança do trabalho, o pão de cada dia e, diante do sofrimento, cura e dá saúde aos doentes, reergue os desanimados, restitui a esperança aos desamparados.

Abençoa todas as pessoas que em ti confiam e acompanha os migrantes, os refugiados e todos os que se encontram longe de sua pátria e família.

Ampara as crianças, dá vigor à juventude, abençoa as famílias, anima os idosos.

E, a nós, dá-nos força para edificarmos uma Igreja viva e santa e para trabalharmos por um mundo justo e fraterno.

E, depois de nossa caminhada pelo mundo, mostra-nos Jesus, é o que te pedimos. Amém.

Pai nosso...

Ave, Maria...

Glória ao Pai, ao Filho e ao Espírito Santo... Amém.

16º Mostrai-nos Jesus

"Fazei o que ele vos disser"

No terceiro dia, houve um casamento em Caná da Galileia, e a mãe de Jesus estava ali. Jesus também fora convidado, com seus discípulos, para o casamento. Tendo faltado vinho, a mãe de Jesus lhe disse: "Eles não têm vinho". Disse-lhe Jesus: "Que isso importa a mim e a ti, mulher? Ainda não chegou minha hora". Disse sua mãe aos servidores: "Fazei o que ele vos disser".

Havia ali seis talhas de pedra usadas para a purificação dos judeus, cada uma comportando de duas a três medidas. Disse-lhes Jesus: "Enchei as talhas de água". Eles as encheram até a borda. E disse-lhes: "Tirai, agora, e levai ao mestre de cerimônias".

Eles levaram. Quando o mestre de cerimônias provou a água transformada em vinho – ele não sabia de onde provinha, mas os servidores, os que tinham tirado a água, sabiam –, o mestre de cerimônias chamou o noivo e disse-lhe: "Todos servem primeiro o vinho bom e, quando os convidados estão embriagados, o pior. Tu guardaste o vinho bom até agora" (Jo 2,1-10).

Reflexão

Uma festa de casamento é algo cheio de alegria, afinal, é um momento em que um casal faz uma aliança de doação de sua vida um ao outro. Porém, no decorrer do evento, podem surgir dificuldades. Na narrativa apresentada por João, Maria está atenta à aflição da família, que representa toda a humanidade, com seus problemas e dificuldades constantes. Ela toma a iniciativa e intercede pela família e, ao mesmo tempo, mostra e apresenta aquele que é capaz de resolver qualquer dificuldade.

Maria entrega todos os nossos problemas a Jesus, assim como o fez nas bodas de Caná. Em sua experiência, tem certeza de que seu Filho resolverá os problemas e mostrará a solução aos que lhe obedecerem, por isso, afirma aos serviçais: "Façam tudo o que ele vos disser". Ela tem fé, uma fé consistente, e ensina toda a humanidade a ter fé em seu Filho, Jesus. Mostra constantemente que, para vencer os desafios e as dificuldades do dia a dia, é necessário ter um encontro com Cristo. E esse encontro é possível para os que têm fé. Esta fé é uma marca na caminhada da Igreja e de todos os discípulos: abandonar-se a Jesus. E Maria mostra-nos Jesus.

Oração

Ó Deus, que confiastes a Maria a arte de ensinar aos discípulos de Cristo o momento certo de agir diante das dificuldades, ensinai nós, homens e mulheres de hoje, a confiarmos inteiramente na palavra de Jesus.

Maria mostra-nos que, em todos os momentos de tribulação, devemos ver a Jesus e saber compreender o que diz a palavra: "Façam tudo o que ele disser". Assim, podemos encontrar forças em nossa luta diária por mais vida, amor e serviço ao outro. Amém.

Pai nosso...

Ave, Maria...

Glória ao Pai, ao Filho e ao Espírito Santo... Amém.

17º Bendito fruto de vosso ventre

"Bendita és tu entre as mulheres"

Quando Isabel ouviu a saudação de Maria, a criança pulou em seu ventre. Isabel ficou plena do Espírito Santo e exclamou com voz forte: "Bendita és tu entre as mulheres, e bendito é o fruto de teu ventre! Por que me acontece isto, que a mãe de meu Senhor venha a mim? Assim que tua saudação chegou a meus ouvidos, a criança pulou de alegria em meu ventre. Bem-aventurada aquela que acreditou que se cumprirá o que lhe foi dito da parte do Senhor" (Lc 1,41-45).

Reflexão

Aqui exaltamos a alegria de Maria e a nossa alegria na pessoa de Isabel. Na Bíblia, encontramos várias exaltações, e todas relacionadas com a escuta e a prática da Palavra de Deus, assim como Isabel faz questão de ressaltar na atitude de Maria. Ela reconhece que Deus realiza suas maravilhas porque Maria escuta e obedece a Deus.

Em Dt 28,1-14, Moisés exorta o povo a ouvir atentamente a voz de Deus e guardar os seus mandamentos, e

Deus exaltará o seu povo sobre todas as nações da terra. Diz: "Obedeçam ao Senhor Deus, e ele lhes dará todas as bênçãos".

Em seguida, enumera uma série de bênçãos sobre os que são fiéis: bendito serás tu na cidade e bendito serás no campo; bendito o fruto do teu ventre, e o fruto da tua terra, e o fruto dos teus animais, e as crias das tuas vacas e das tuas ovelhas; bendito o teu cesto e a tua amassadeira; bendito será ao entrares e bendito, ao saíres. O mesmo não acontecerá com os que não cumprirem a Palavra de Deus. Serão malditos.

Jesus, em Mt 5,3-11, fala das bem-aventuranças recebidas por aqueles que escutam e põem em prática a Palavra. Parece que Jesus recusa o elogio à sua Mãe. Na verdade, a proclama bem-aventurada, bendita, pois soube escutar a Palavra e ter uma vida de fé, capaz de praticar o que escutou. E isso é muito mais importante que os laços de sangue que os unem. Para Maria, foi uma enorme alegria ser Mãe do Salvador. Mas a condição de serva que sabe escutar e guardar a Palavra, provocou nela uma felicidade maior. Deus deu a Maria muito mais do que pensava, a uniu a si e lhe revelou os seus projetos e fez dela colaboradora na realização do seu plano salvação.

Oração

Neste dia, vamos emprestar a letra e música de Padre Geraldo Leite Bastos, para louvar a Deus por realizar maravilhas em nós.

Refrão: Eu vou cantar um bendito, um canto novo, um louvor! (bis)

1. Ao Deus que, em tempo propício, sua graça derramou! (bis)
2. Ao Deus que ao povo escolhido tantas vezes perdoou! (bis)
3. Ao Deus que aos ninivitas penitentes desculpou! (bis)
4. Ao Deus que mandou seu Filho feito irmão do pecador! (bis)
5. Que Jesus da pecadora a sentença revogou! (bis)
6. Que Jesus da Madalena, tantos pecados lavou! (bis)
7. Jesus do Pai o perdão pros algozes alcançou! (bis)
8. Jesus, na cruz, o ladrão arrependido consolou! (bis)
9. Um povo arrependido louva e bendiz ao Senhor! (bis)

Pai nosso...

Ave, Maria...

Glória ao Pai, ao Filho e ao Espírito Santo... Amém.

18º Ó clemente

"Dava graças a Deus e falava do menino"

Havia também uma profetisa, Ana, filha de Fanuel, da tribo de Aser. Era uma mulher muito idosa. Depois de casada, tinha vivido sete anos com seu marido, e, como viúva, até os oitenta e quatro anos. Não se afastava do Templo e servia a Deus dia e noite com jejuns e orações. Aproximando-se naquele momento, dava graças a Deus e falava do menino a todos os que esperavam a redenção de Jerusalém (Lc 2,36-38).

Reflexão

Nesse texto bíblico, Maria não é mencionada, porém, a profetisa Ana destaca a sua importância, em razão de ser a responsável pela presença daquele menino no Templo, diante de todos. A promessa se cumpria, Deus se fez presente e é reconhecido pelas lideranças do povo. Ana apresenta a clemência de nossa Mãe Maria, sobretudo para com os pecadores, carentes da misericórdia de Deus. Maria é aquela a quem buscamos para encontrar alívio para nossas penas e para nos ajudar a alcançar a salvação presente naquela pequena criança, sinal de Deus que realiza o projeto libertador da humanidade, que aguardava este sinal.

Oração

Ó mãe clemente! Não nos deixes desanimar, ajuda-nos a sempre lembrar que seu coração é um oceano de misericórdia. Quando o desespero apertar o nosso coração, que jamais percamos a esperança e a confiança no teu amparo, ó Santíssima Virgem, fonte de amor.

Ó Maria, cheia de graças e de misericórdias, não nos deixes acomodar, ao vermos as injustiças e a falta de amor, antes, nos ajuda a ter um coração aberto e que não tenhamos medo de nos aproximar de ti, Nossa Senhora, por causa de nossos inúmeros pecados.

Acolhe-nos, Mãe de clemência, nossa Rainha sumamente compassiva e benigna.

Pedimos-te que, quando algum pecador se encomendar à tua misericórdia, não examine seus méritos, para ver se é digno de ser ouvido, mas a todos atende e socorre. Amém.

Pai nosso...

Ave, Maria...

Glória ao Pai, ao Filho e ao Espírito Santo... Amém.

19º Ó piedosa

"Quanto a ti, uma espada traspassará tua alma"

"Agora, Soberano Senhor, podes deixar teu servo partir em paz, conforme tua palavra, porque meus olhos viram tua salvação, que preparaste perante todos os povos, luz para revelação às nações e para glória de teu povo, Israel."
Seu pai e sua mãe ficaram admirados com o que diziam a respeito dele. Simeão os abençoou, e disse a Maria, sua mãe: "Este é colocado para a queda e a elevação de muitos em Israel e para ser sinal de confrontação, a fim de que sejam revelados os pensamentos de muitos corações; mas, quanto a ti, uma espada traspassará tua alma" (Lc 2,29-35).

Reflexão

Maria, Nossa Mãe e Senhora, não sofreu senão por amor. Seu martírio ultrapassa em horror o sofrimento de sangue. Qual foi a intensidade de sua dor? Para compreender a magnitude de sua dor, precisamos compreender o ardor de seu amor.

Esse amor imenso não pode ser comparado com a nossa forma humana de amar, limitada, estreita e, muitas vezes, presa à satisfação de nossas vontades egoístas. O ser de Maria é grande e corresponde plenamente à obra-prima da Criação, realizada por Deus – a cheia de graças.

Maria vê Jesus sofrer em seu corpo. Segue passo a passo o triste cortejo no caminho rumo ao Calvário. Assiste à horrível cena da crucificação. Que dor pode ser comparada a de uma Mãe que vê seu próprio Filho sendo caluniado, ironizado, traído, humilhado, condenado à morte de cruz?

Maria sofre com Jesus. Sente em sua alma as mesmas dores do Filho. E a aflição aumenta ao ouvi-lo clamar: "Meu Deus, meu Deus, por que me abandonastes" (cf. Mc 15,34). Ela não abandona o Filho agonizante, mas permanece firme, fiel a ele até o último momento. Quando Jesus morre, ela está lá, ao pé da cruz.

No momento em que a lança do soldado abriu o lado direito de Jesus, transpassou com o mesmo golpe a alma de Maria, e a palavra do velho Simeão se cumpriu: "Quanto a ti, uma espada traspassará tua alma" (cf. Lc 2,35). E Maria vê realizada a Palavra de Jesus: "Quando eu for elevado da terra, atrairei todos a mim" (cf. Jo 12,32). E ela nos acolhe como seus filhos nesse momento extremo de dor, pois precisamos de uma Mãe que nos ame com esse amor incondicional até o fim, que sofra conosco as dores do nosso peregrinar neste mundo.

Oração

Nossa Senhora, Mãe de Jesus, de quem uma profecia foi feita: "E a ti, uma espada traspassará tua alma", volve teu olhar e teu coração para nós, seus filhos, que estamos neste mundo caminhando rumo ao Pai.

Em tua bondade misericordiosa, intercede junto a Jesus para que nos dê o dom da confiança e da paciência, não somente para o nosso bem pessoal, mas para acolher com amor aqueles que amamos e aqueles que ainda precisamos acolher e amar.

Ajuda-nos a nos deixar traspassar pelas dores presentes em nosso mundo, sem nos queixar ou fugir. E que, assim, possamos contribuir na redenção do mundo. Amém.

Pai nosso...

Ave, Maria...

Glória ao Pai, ao Filho e ao Espírito Santo... Amém.

20º Ó doce

"Sou eu a videira"

"Sou eu a verdadeira videira, e meu Pai é o agricultor. Todo ramo que em mim não produz fruto, ele o corta, e todo que produz fruto, ele o limpa para que produza ainda mais fruto. Vós já estais limpos pela palavra que vos tenho falado. Permanecei em mim, como eu em vós. Como o ramo não pode produzir fruto por si mesmo, se não permanecer na videira, assim também vós, se não permanecerdes em mim. Sou eu a videira; vós, os ramos. Quem permanece em mim, e eu nele, produz muito fruto, porque sem mim nada podeis fazer (Jo 15,1-5).

Reflexão

Jesus se apresenta como a videira verdadeira. Aquele que dá a vida plena, regada pelo amor. Quem deseja dar bons frutos deve permanecer unido a ele. E temos o ditado popular: "Cada árvore se reconhece pelo seu fruto". Maria, por sua vez, como ramo da videira verdadeira, deu um fruto precioso, doce. Deu ao mundo o fruto da vida: Jesus

Cristo, e soube cuidar do Filho de Deus, viver com ele, nutri-lo, educá-lo, iniciá-lo na oração e na vida de seu povo.

Maria é repleta de amor, e Jesus se torna o centro absoluto de sua vida. E, por isso, oferece o doce fruto do seu ventre para todos aqueles que, ligados à verdadeira videira, desejam produzir muitos frutos regados pelo amor a Deus e obedientes a seus ensinamentos.

Oração

Ó doce Mãe, olha para cada um de teus filhos. Estamos aqui aos teus pés e suplicamos, volta o teu olhar em nossa direção e ajuda-nos a superar toda dor, todo sofrimento pessoal, para olharmos para os que mais sofrem no corpo e na alma. Ajuda-nos a esquecer um pouco de nós mesmos e liberta-nos do egoísmo.

Sempre ouvimos Jesus dizer: "Sou eu a verdadeira videira, e meu Pai é o agricultor. Todo ramo que em mim não produz fruto, ele o corta, e todo que produz fruto, ele o limpa para que produza ainda mais fruto", mas como dói quando somos podados em nossa maneira de viver, para crescermos e vivermos o amor na gratuidade.

Venha até nós, ó doce Virgem Maria, Mãe de Deus e nossa, e mostra-nos, em todas as nossas tarefas, o fruto saboroso e doce, gerado no teu sagrado ventre. Ajuda-nos a permanecer em Jesus, para também produzirmos bons frutos, hoje e sempre. Amém.

Pai nosso...

Ave, Maria...

Glória ao Pai, ao Filho e ao Espírito Santo... Amém.

21º Sempre Virgem Maria

"Como acontecerá isso, pois não conheço homem?"

Entrando onde ela estava, disse-lhe: "Alegra-te, cheia de graça, o Senhor está contigo!" Ela ficou desconcertada com essa palavra e perguntava-se que tipo de saudação era essa. O anjo lhe disse: "Não temas, Maria, pois encontraste graça diante de Deus. Conceberás em teu seio; darás à luz um filho e o chamarás de Jesus. Ele será grande e será chamado filho do Altíssimo. O Senhor Deus lhe dará o trono de seu pai Davi; reinará para sempre sobre a casa de Jacó, e seu reinado não terá fim". Maria perguntou ao anjo: "Como acontecerá isso, pois não conheço homem?" O anjo respondeu-lhe: "O Espírito Santo descerá sobre ti, o poder do Altíssimo te cobrirá; por isso, aquele que nascer será santo; será chamado Filho de Deus (Lc 1,28-35).

Reflexão

Quando somos surpreendidos pelo convite de realizar uma missão para a qual sentimos não ter competência suficiente, a alegria, o espanto, o desconcerto tomam conta de nós.

Maria, no momento da anunciação, questiona e dialoga com o anjo para entender o que está acontecendo. O anjo a exorta a não temer a ação e o poder de Deus em sua vida. Deus a fez agraciada e cheia de graças. E ela se encontra desse modo diante de Deus. Maria não tem outra palavra, a não ser: "Eis aqui a serva do Senhor". Ela se revela totalmente disponível para que Deus possa fazer de sua vida o que desejar e da forma que melhor lhe agradar.

Quantas vezes somos surpreendidos e chamados a exercer um serviço em prol de outras pessoas e nos sentimos incapazes para isso. Quando achamos que não vamos dar conta de algo, nossa reação é imediata: não posso, não vou assumir. A atitude de Maria, a "Sempre Virgem Maria", pode nos estimular a deixarmo-nos um pouco de lado e nos dedicarmos ao serviço aos outros.

Assim como em Maria o projeto de Deus foi se realizando, mesmo que ela não o "conhecesse", a nós também é dada a oportunidade de crer, mesmo sem ter tudo claro, planejado, ou sem saber fazer tudo. O caminho se faz no caminhar. Maria nos convida a ter atitudes de servos, pois, assim, as demais "coisas" virão a nós providenciadas pelo próprio Deus em nossa história. Basta crermos no poder do Altíssimo que realiza maravilhas em nós.

Oração

Querida Senhora do "Sempre Virgem Maria", do sim incondicional a Deus, que, olhando para tua humildade, pôde realizar grandes coisas em ti, olha para nós, teus filhos e discípulos de teu Filho Jesus. Dá-nos a coragem e a abertura do teu sim incondicional a Deus.

Tu sabes que não é fácil se colocar numa atitude de plena servidão, mas, quando Deus nos pede a doação da nossa vida às causas do Reino, vem em nosso socorro e nos ajuda no abandono total àquele que chama para a missão.

Não nos deixes enclausurados no nosso medo egoísta de "perder a vida", a posição, as regalias do comodismo, mas nos ajuda a ter um coração povoado de Deus e dos irmãos, para não temermos os desafios da missão a ser realizada. Amém.

Pai nosso...

Ave, Maria...

Glória ao Pai, ao Filho e ao Espírito Santo... Amém.

22º Rogai por nós

"Perseverantes na oração"

Então eles regressaram para Jerusalém do monte chamado "das Oliveiras", que está perto de Jerusalém, à distância de um dia de sábado. Quando entraram na cidade, subiram à sala superior onde estavam instalados. Eram Pedro, João, Tiago, André, Filipe, Tomé. Todos eles eram unanimemente perseverantes na oração, com algumas mulheres, Maria, a mãe de Jesus, e os irmãos dele (At 1,12-14).

Reflexão

Após o episódio da cruz, os discípulos de Jesus ficaram dispersos, envolvidos no medo e cheios de muitas incertezas sobre o futuro. Tudo parecia acabado. Só restava a decepção. Diante desse cenário, a presença de Maria, a Mãe de Jesus, é-nos revelada junto ao grupo dos primeiros discípulos. Certamente ela foi ao encontro deles e, com muita sabedoria, lhes transmitiu o dom da fé na ressurreição de seu Filho. Aos poucos, todos foram chegando e juntos rezaram e esperaram pelo Espírito Santo prometido.

Maria era uma mulher de oração, e ajudou os discípulos a se manterem firmes e unidos em oração, rogando uns pelos outros e permanecendo seguros na fé.

Assim nascia a Igreja, que ainda hoje conta com a presença de Maria, mostrando seu Filho, o Deus conosco. Ela é o modelo de como ser discípulo de seu Filho e roga sempre por todos nós.

Maria permanece junto às comunidades que, vivendo dificuldades e perseguições, continuam a testemunhar com fé inabalável a ação de Jesus no mundo.

Oração

Nossa Senhora, roga por nós! Esta é a súplica que fazemos a ti, Maria, em muitos momentos de nossa vida. Como teus filhos, sabemos que o nosso porto seguro é a tua intercessão, junto ao teu filho Jesus.

Por isso, neste momento te pedimos: roga por nós, os pecadores; roga por nossas famílias, de modo particular por aquelas que passam por dificuldades das mais variadas, como a econômica, a da falta de amor, carinho, perdão.

Roga pelo nosso país. Roga pelo nosso Papa. Roga pelo nosso bispo, pelo nosso padre, pelos religiosos/as (*aqui pode se abrir um espaço para outros pedidos*).

Ajuda-nos a sermos pessoas semelhantes a ti, Maria, que, mesmo nos momentos de perseguição, não se esquece de testemunhar tua fé e tua esperança em Jesus. Amém.

Pai nosso...

Ave, Maria...

Glória ao Pai, ao Filho e ao Espírito Santo... Amém.

23º Santa Mãe de Deus

"Deus enviou o seu Filho, nascido de mulher"

Quando, porém, veio a plenitude do tempo, Deus enviou o seu Filho, nascido de mulher, nascido sob a Lei, a fim de que resgatasse os que estavam sob a Lei, para que recebêssemos a adoção como filhos. E, porque sois filhos, Deus enviou o Espírito do seu Filho a nossos corações que clama: Abba, Pai! De modo que já não és escravo, mas filho; e, se és filho, és também herdeiro da parte de Deus (Gl 4,4-7).

Reflexão

Santa Mãe de Deus e "Deus enviou o seu Filho, nascido de mulher", são as duas realidades nas quais, com o olhar da fé, encontramos razões para professarmos a maternidade divina de Maria. O próprio Deus a cumulou de graças e a enriqueceu com uma santidade singular, para dar à luz o seu Filho, redentor do mundo. São Paulo diz: "Quando, porém, veio a plenitude do tempo, Deus enviou seu Filho, nascido de mulher" (Gl 4,4).

Isto é profundo e nos remete ao Primeiro Testamento, quando Deus cria, da mesma substância de Adão, a mulher Eva. Assim, de uma virgem e sem pecado, o Filho de Deus toma forma humana, na carne imaculada de Maria. Que sabedoria de Deus! Ele nos mostra que, se servindo do mesmo instrumento pelo qual a serpente fez o ser humano cair, ele o redime sobre a humildade da nova Eva!

Mãe de Deus, Mãe de Jesus, Mãe da Cabeça da Igreja e, por isso mesmo, Mãe dos membros de Cristo, Mãe nossa, à qual devemos recorrer em todas as necessidades, pois é uma Mãe santa, porque é Mãe de Cristo Rei; rainha, portanto, dos homens e dos anjos. Mãe do Divino Mediador; mediadora de graças a todos os que desejam ir a Jesus e, por meio dele, ao Pai celeste.

Oração

Santa Maria, Mãe de Deus, roga por nós, pecadores, e se digna a ver, ouvir e ajudar-nos neste nosso peregrinar pelo mundo. Que a tua grande graça de ser a Mãe de Jesus nos auxilie na hora em que nos reconhecermos pecadores e distantes do amor de Jesus.

Que a tua santidade, vivida no dia a dia, através dos serviços aos seus: Isabel e Zacarias, José, seus pais Joaquim e Ana, o seu filho Jesus, a comunidade de Nazaré, nos estimule e nos dê forças para vivermos do mesmo modo a nossa santidade no serviço àqueles que amamos: esposo(a), filhos(as), pai e mãe e todas as pessoas que se aproximarem de nós.

Ajuda-nos a viver uma santidade que é serviço, perdão, acolhimento, alegria, serenidade, mesmo diante das dores físicas, espirituais e emocionais. Que tua santidade nos cure e liberte de todo pecado. Amém.

Pai nosso...

Ave, Maria...

Glória ao Pai, ao Filho e ao Espírito Santo... Amém.

24º Para que sejamos dignos

"Porque me viste, creste. Felizes aqueles que não viram e creram"

Diziam-lhe, então, os outros discípulos: "Vimos o Senhor". Ele, porém, lhes disse: "Se eu não vir em suas mãos a marca dos cravos, se não puser meu dedo na marca dos cravos, e se não puser minha mão em seu lado, não crerei".

Oito dias depois, os discípulos estavam novamente ali dentro e Tomé estava com eles. Estando as portas trancadas, veio Jesus, colocou-se de pé no meio deles e disse: "Paz a vós".

Depois, disse a Tomé: "Estende teu dedo até aqui e vê minhas mãos, e estende tua mão e coloca-a em meu lado, e não sejas incrédulo, mas crédulo".

Respondeu-lhe Tomé: "Meu Senhor e meu Deus!" Disse-lhe Jesus: "Porque me viste, creste. Felizes aqueles que não viram e creram" (Jo 20,25-29).

Reflexão

Tomé, um discípulo de Jesus, duvida da palavra de seus irmãos e exige uma prova da ressurreição de Jesus. Então

Jesus se apresenta a Tomé e o faz experimentar a sua nova vida. Esse testemunho do Evangelho de João é consolador para nós.

Quantas vezes a dúvida se apossa de nós. Somos humanos demais e, como Tomé, falamos: "Só vendo para crer". É desse modo que a nossa existência começa a ficar pesada, pois temos a sensação de estar sozinhos.

No entanto, no Evangelho de São João encontramos uma grande bem-aventurança assinalada por Jesus: "Felizes aqueles que não viram e creram". Somos bem-aventurados e dignos do Reino porque acreditamos nas palavras dos primeiros discípulos: Ele vive!

Maria, a discípula fiel, nos apresenta constantemente o caminho que devemos percorrer para chegarmos ao Reino definitivo, lugar onde chegam os que têm fé. Estes abraçarão o ressuscitado e gozarão a alegria de estar com ele.

Cremos e testemunhamos como comunidade reunida a presença amorosa de Deus em nossa caminhada, que se revela na pessoa do nosso irmão ou irmã que, ao nosso lado, reflete o rosto do Pai que nos criou.

Oração

Ó Maria, nossa doce Mãe, ensina-nos o caminho da verdadeira felicidade que nos faz bem-aventurados e dignos das promessas feitas àqueles que de fato caminham com Cristo.

Torna-nos fiéis imitadores do teu Filho, e nos ajuda a vivermos como irmãos.

Dá-nos sempre a força e a coragem de amar o próximo como a nós mesmos, mesmo quando esse próximo nos machuca, nos magoa, e nos leva a crer que não merece a nossa atenção.

Ajuda-nos a ser bons com todas as pessoas para merecermos participar contigo do Reino dos céus. Assim seja.

Pai nosso...

Ave, Maria...

Glória ao Pai, ao Filho e ao Espírito Santo... Amém.

25º As promessas de Cristo

"Alegrai-vos, porque grande é vossa recompensa"

"Bem-aventurados os que são pobres em espírito, porque deles é o Reino dos Céus. Bem-aventurados os que estão aflitos, porque serão consolados. Bem-aventurados os que são humilhados, porque esses herdarão a terra. Bem-aventurados os que têm fome e sede de justiça, porque esses serão plenamente saciados. Bem-aventurados os misericordiosos, porque esses serão tratados com misericórdia. Bem-aventurados os puros de coração, porque esses verão a Deus. Bem-aventurados os que trabalham pela paz, porque esses serão chamados filhos de Deus. Bem-aventurados os que vivem perseguidos por causa da justiça, porque deles é o Reino dos Céus."

"Bem-aventurados sois vós quando vos insultarem, vos perseguirem e, mentindo, vos difamarem por causa de mim. Regozijai-vos e alegrai-vos, porque grande é a vossa recompensa nos céus; pois do mesmo modo perseguiram os profetas que vos precederam" (Mt 5,1-12).

Reflexão

Muitas vezes duvidamos da capacidade que temos de realizar uma missão. Nesses momentos é que as promessas de Jesus nos ajudam a levantar a cabeça e a acreditar que podemos vencer. Sim, vencer as dificuldades que se apresentam ao viver, as dores que invadem nosso corpo e que, muitas vezes, nem sabemos como surgem, como, por exemplo, vivenciar a morte de uma pessoa querida, perder o emprego e tantas outras situações.

Quando nos sentirmos desanimados, podemos dizer: "Eu creio nas promessas de Jesus e sei que o Mestre tem uma providência para mim neste momento", pois, para além das bem-aventuranças, Jesus ainda disse que quem o segue não andará em trevas, mas terá a luz da vida, pois ele é a luz. Nós receberemos a proteção de Jesus, pois ele dá a vida eterna, e jamais pereceremos. Ninguém nos tirará das mãos de Jesus. Como Bom Pastor, ele cuida bem de suas ovelhas.

Oração

Senhor, colocamo-nos em tua presença para pedir o dom da fé. Queremos viver e saborear em nossas vidas as promessas que nos deixaste como prova de teu imenso amor.

Ajuda-nos a ser pobres em espírito, a consolar os aflitos e a saborear as consolações que vêm de ti, quando a dureza do teu seguimento nos pesar nos ombros.

Ajuda-nos a suportar as humilhações, as rejeições e as indiferenças das pessoas, quando falarmos e testemunharmos os valores do Reino.

Ajuda-nos a ter fome e sede de justiça, num mundo que busca o consumo, o prazer e o poder, em detrimento do serviço gratuito.

Ajuda-nos a ser como tu, misericordiosos para com todos os que cruzarem o nosso caminho.

Ajuda-nos a ter pureza de coração, capaz de ver e promover a bondade entre as pessoas, e livra-nos de ser agentes de intrigas, fofocas e divisão.

Que possamos trabalhar pela paz, pois só assim seremos chamados e reconhecidos como filhos de Deus. E, quando a perseguição, os insultos e a difamação atingirem a nossa vida, por causa de teu nome, que possamos lembrar que tu disseste para nos regozijarmos e nos alegrarmos, porque grande será a nossa recompensa nos céus. Amém.

Pai nosso...

Ave, Maria...

Glória ao Pai, ao Filho e ao Espírito Santo... Amém.

26º Amém

"Pelos séculos dos séculos. Amém!"

Todos os anjos estavam de pé em volta do trono, dos anciãos e dos quatro seres viventes. Prostraram-se sobre suas faces diante do trono e adoraram a Deus dizendo: "Amém! O louvor, a glória e a sabedoria, a ação de graças, a honra, o poder e a força sejam para nosso Deus pelos séculos dos séculos. Amém!" Então me falou um dos anciãos, dizendo: "Estes vestidos de vestes brancas, quem são e de onde vieram?" Eu lhe disse: "Meu Senhor, tu o sabes! Estes são os que vieram da grande tribulação, lavaram suas vestes e as branquearam no sangue do Cordeiro. Por essa razão estão diante do trono de Deus e o servem de dia e de noite em seu templo. O que se assenta sobre o trono armará sua tenda sobre eles (Ap 7,11-15).

Reflexão

O Livro do Apocalipse apresenta a chegada, junto ao trono de Deus, dos que seguiram Jesus e estão vestidos de vestes brancas, que foram alvejadas no sangue do Cordeiro e estão na tenda de Deus. É o grande amém de Deus. É o assim seja, para aqueles que, mesmo diante de todas as tentações do mundo, permaneceram fiéis no amor.

Os discípulos fiéis percorreram o mesmo caminho trilhado pelo Mestre. Aos que fazem o verdadeiro peregrinar com Cristo, diante de todas as tribulações e dificuldades, é dada a graça da salvação. Maria, a Mãe de Jesus, viveu muito bem esta atitude de fazer o caminho com ele. O que mais importa para o verdadeiro discípulo de Cristo é ser semelhante ao Mestre. Pois, vivendo com ele, supera-se toda dor e o sofrimento presentes na longa caminhada rumo ao Pai.

Maria, com sua vida, nos ensina a viver, em atitude de adesão constante, aquilo que nos é confiado; ela é o exemplo para que, no nosso caminhar, sejamos discípulos de Cristo e, em cada missão, sejamos capazes de dizer sempre amém à vontade do Pai, que está no trono celeste.

Oração

Senhor, nosso Deus, concede-nos sempre a graça de caminhar contigo, assim como fizeram os teus primeiros discípulos, que testemunharam a tua vida e os tesouros do Reino.

Eles souberam alcançar a salvação, dizendo "sim" ao teu chamado. Protege aqueles e aquelas que, com um belo amém, dedicam a vida em favor dos irmãos e irmãs. Assim seja.

Pai nosso...
Ave, Maria...
Glória ao Pai, ao Filho e ao Espírito Santo... Amém.

27º Glória ao Pai

"Eu te louvo, Pai"

Naquela ocasião, Jesus exclamou: "Eu te louvo, Pai, Senhor do céu e da terra, porque ocultaste essas coisas a sábios e entendidos, e as revelaste aos simples; sim, Pai, porque assim foi de teu agrado.
Meu Pai me confiou tudo. Com efeito, ninguém conhece o Filho senão o Pai, e ninguém conhece o Pai senão o Filho e aquele a quem o Filho o quiser revelar.
Vinde a mim todos os que estais cansados e sobrecarregados, e vos darei descanso" (Mt 11,25-28).

Reflexão

Quem é o Pai? Talvez esta seja uma das perguntas mais cruciais de nossa vida, mas professamos a nossa fé: "Creio em Deus, Pai onipotente, criador do céu e da terra". Não compreendemos a Deus Pai longe de suas obras, porque tudo o que ele faz emana daquilo que é.

Na pessoa do Filho, o Pai se encarnou (Jo 1,14). O Filho de Deus se tornou o Filho do homem e é, portanto, a "ponte" entre Deus e o ser humano (Jo 14,6). E só sabemos quem é o Pai, de que fala Jesus, por uma única razão: sua misericórdia. Ele mesmo quis se revelar a nós, porque nos ama infinitamente.

Deus Pai é espírito (Jo 4,24). Deus é um, mas existe como três pessoas: Deus Pai, Deus Filho e Deus Espírito Santo (Mt 3,16-17). Ele é infinito (1Tm 1,17), incomparável (2Sm 7,22) e imutável (Ml 3,6). Existe e está em todos os lugares (Sl 139,7-12), tudo sabe (Mt 11,21) e tem todo o poder e a autoridade (Ef 1; Ap 19,6).

Reconhecendo, assim, o Pai, cabe a nós: a admiração, o louvor e o eterno amor, por isso, damos glória ao Pai sempre.

Oração

Querido Deus, nosso Pai. Rezamos neste dia pedindo a mais terna intimidade convosco. Talvez seja ousadia nossa, mas sentimos a vossa bondade e proximidade em cada obra criada, na natureza, nas pessoas.

Ajudai-nos a sermos como Jesus, que vos louvou como Pai e Senhor do céu e da terra; que reconheceu na vida e história das pessoas de seu tempo a vossa imensa sabedoria em revelar o vosso nome aos simples e o ocultar aos soberbos, sábios e entendidos. Nós vos agradecemos porque revelais as riquezas do vosso amor aos que nada "possuem" e, também, aos que não guardam nem reservam nada para si mesmos.

Obrigada por ser nosso Pai, nosso Paizinho. Cuidai de todos nós, vossos filhos, de modo particular os que vivem no abandono e na tristeza. Ajudai-nos a sermos o vosso rosto para cada irmão ou irmã, assim como Jesus e como Maria, nossa Mãe querida. Amém.

Pai nosso...

Ave, Maria...

Glória ao Pai, ao Filho e ao Espírito Santo... Amém.

28º Glória ao Filho

"Revelar o seu Filho em mim, a fim de que o anunciasse"

Comunico-vos, de fato, irmãos, que o Evangelho por mim anunciado não é de origem humana; seguramente não o recebi, nem aprendi, de homem, mas por revelação de Jesus Cristo.

Ouvistes, com certeza, sobre minha conduta de outrora no judaísmo, de como, excessivamente, persegui a igreja de Deus, tentando aniquilá-la, e eu progredia no judaísmo mais do que muitos contemporâneos de meu povo, sendo um defensor extremamente fervoroso das tradições de meus pais. Mas, quando aquele que me separou desde o ventre materno e me chamou por sua graça decidiu com satisfação revelar o seu Filho em mim, a fim de que o anunciasse entre as nações, não consultei carne e sangue (Gl 1,11-16).

Reflexão

Quem é o Filho? O Filho de Deus, Jesus, não é tão somente um personagem histórico importante, também não é alguém para ser lembrado apenas em datas comemorativas, como seu nascimento e sua morte.

Nós professamos a nossa fé nele, dizendo: "Creio em Jesus Cristo, seu único Filho, nosso Senhor, que foi concebido pelo poder do Espírito Santo; nasceu da Virgem Maria; padeceu sob Pôncio Pilatos, foi crucificado, morto e sepultado; desceu à mansão dos mortos; ressuscitou ao terceiro dia; subiu aos céus, está sentado à direita de Deus Pai todo-poderoso, donde há de vir a julgar os vivos e os mortos".

Jesus é o nome que dividiu a história em antes e depois dele. Ele é o Filho de Deus que se fez homem e morreu na cruz para nos dar a oportunidade de alcançarmos a salvação. A morte e a ressurreição de Jesus foram gestos de amor e misericórdia e, por mais que nos esforcemos, não conseguiremos entender a dimensão desse amor. Somos convidados, então, a sempre a dar glória ao Filho, porque nos amou de modo admirável e por ser ele o nosso Caminho, Verdade e Vida.

Oração

Jesus Mestre, santificai minha mente e aumentai minha fé. Jesus, Mestre vivo na Igreja, atraí todos à vossa escola. Jesus Mestre, libertai-me do erro, dos pensamentos inúteis e das trevas eternas. Jesus Mestre, caminho entre o Pai e nós, tudo vos ofereço e de vós tudo espero.

Jesus, caminho da santidade, tornai-me vosso fiel seguidor. Jesus caminho, tornai-me perfeito como o Pai que está nos céus.

Jesus vida, vivei em mim, para que eu viva em vós. Jesus vida, não permitais que eu me separe de vós. Jesus vida, fazei-me viver eternamente na alegria do vosso amor.

Jesus verdade, que eu seja luz para o mundo. Jesus caminho, que eu seja vossa testemunha autêntica diante dos homens. Jesus vida, fazei que minha presença contagie a todos com o vosso amor e a vossa alegria. Amém.

(Invocações a Jesus Mestre, oração composta por Padre Tiago Alberione – Fundador da Família Paulina.)

Pai nosso...

Ave, Maria...

Glória ao Pai, ao Filho e ao Espírito Santo... Amém.

29º Glória ao Espírito Santo

"O Espírito Santo descerá sobre ti"

O anjo respondeu-lhe: "O Espírito Santo descerá sobre ti, o poder do Altíssimo te cobrirá; por isso, aquele que nascer será santo; será chamado Filho de Deus. Também tua parenta Isabel concebeu um filho na velhice, e está no sexto mês aquela que chamavam de estéril. Porque nada será impossível com Deus". Maria respondeu: "Eis aqui a serva do Senhor! Faça-se em mim tal como disseste". E o anjo se afastou dela (Lc 1,35-38).

Reflexão

Quem é o Espírito Santo? Na profissão de fé, proclamamos: Creio no Espírito Santo. O Catecismo da Igreja Católica ensina: "Crer no Espírito Santo é professar a terceira Pessoa da Santíssima Trindade, que procede do Pai e do Filho, e 'com o Pai e o Filho é adorado e glorificado'. O Espírito foi 'enviado aos nossos corações' (Gl 4,6) para recebermos a vida nova de filhos de Deus" (DC 683-686).

Espírito Santo é o nome próprio da terceira Pessoa da Santíssima Trindade. Jesus o apresenta a seus discípulos como: Espírito Paráclito, o Consolador, o Advogado e Espírito de Verdade (cf. Jo 14,15-26).

De forma única, o Espírito Santo enche Maria de graça e torna fecunda a sua virgindade, para dar à luz o Filho de Deus encarnado. "O Espírito Santo descerá sobre ti, o poder do Altíssimo te cobrirá; por isso, aquele que nascer será santo; será chamado Filho de Deus". Ele faz dela a Mãe de Jesus.

É ele que edifica, anima e santifica a Igreja. Dá aos batizados a semelhança divina e os ajuda a viver a vida em Cristo. Envia-os em missão, doando e confirmando dons e habilitando cada um para o ministério que lhe é confiado (cf. 1Cor 12-14).

Reconhecendo a atuação do Espírito Santo em nós e na vida da Igreja, digamos sempre: Glória ao Espírito Santo.

Oração

Invocação ao Espírito Santo, cantando:
1. Vinde, Espírito de Deus, e enchei os corações dos fiéis com vossos dons. Acendei neles o amor com um fogo abrasador, vos pedimos, ó Senhor.

Refrão: E cantaremos aleluia, e a nossa terra renovada ficará, se o vosso Espírito, Senhor, nos enviar.

2. Vós unistes tantas gentes, tantas línguas diferentes, numa fé, na unidade, pra buscar sempre a verdade e servir o vosso Reino com a mesma caridade.

Pai nosso...

Ave, Maria...

Glória ao Pai, ao Filho e ao Espírito Santo... Amém.

30º Como era no princípio, agora e sempre

"Eu sou o Alfa e o Ômega"

Ele me disse: "Não seles as palavras da profecia deste livro, pois o tempo está próximo. O que pratica a injustiça, que pratique a injustiça ainda; o imundo, que continue imundo; e os justos, que pratique a justiça, e o santo, que siga santificando-se.
Eis que venho sem demora. Comigo está minha recompensa para que seja dada a cada um segundo sua obra. Eu sou o Alfa e o Ômega, o primeiro e o último, o princípio e o fim. Bem-aventurados os que lavam suas vestes, para que tenham direito à árvore da vida e possam entrar na cidade pelas portas (Ap 22,10-14).

Reflexão

"Eu sou o Alfa e o Ômega, o primeiro e o último, o princípio e o fim", ou seja, a completude dos tempos. Em Deus Trindade tudo começou, e a ele tudo retorna. À luz deste texto do Apocalipse, percebemos que, àqueles e àquelas que querem fazer parte deste Reino, exige-se uma vivência em comunidade com dignidade e pureza de coração.

Seguir Cristo até as últimas consequências nos faz herdeiros desse Reino prometido. E isso demanda de nós a capacidade de viver a justiça e o amor ao próximo. Maria, em sua disponibilidade de serviço ao Pai e ao seu projeto, é digna de sentar-se ao lado de Deus, pois, em toda sua vida, soube fazer a vontade do Pai. Ela é a bem-aventurada e Sempre Virgem Maria, aquela que intercede por nós, seus filhos, para que sejamos dignos de entrar pelas portas da Jerusalém celeste.

Oração

Ó Maria, nossa Mãe, como é belo contemplar em teu viver a evocação: como era no princípio, agora e sempre. Tua vida, desde o anúncio do Anjo até a sua presença junto à primeira comunidade cristã, nos mostra o que significa viver no abandono total àquele que é o Alfa e o Ômega, o primeiro e o último, o princípio e o fim.

O teu modo de viver nos ajuda a dizer "sim" a Deus em todos os momentos de nossa vida.

Obrigada, querida Mãe. Mas te pedimos, ainda, ajuda-nos a ser verdadeiros merecedores da morada celeste, e que sempre sejamos dóceis em fazer a vontade de teu Filho Jesus, o princípio e fim de todas as coisas. Assim seja.

Pai nosso...

Ave, Maria...

Glória ao Pai, ao Filho e ao Espírito Santo... Amém.

31º Consagração a Nossa Senhora

"Doravante as gerações todas me chamarão de bem-aventurada"

Naqueles dias, Maria partiu sem demora para uma cidade na região montanhosa de Judá. Entrou na casa de Zacarias e saudou Isabel. Quando Isabel ouviu a saudação de Maria, a criança pulou em seu ventre. Isabel ficou plena do Espírito Santo e exclamou com voz forte: "Bendita és tu entre as mulheres, e bendito é o fruto de teu ventre! Por que me acontece isto, que a mãe de meu Senhor venha a mim? Assim que tua saudação chegou a meus ouvidos, a criança pulou de alegria em meu ventre. Bem-aventurada aquela que acreditou que se cumprirá o que lhe foi dito da parte do Senhor".

Então Maria disse: "Proclama minha alma a grandeza do Senhor, alegre-se meu espírito em Deus, meu salvador, que olhou para a humildade de sua serva. Doravante as gerações todas me chamarão de bem-aventurada, porque o Poderoso fez coisas grandiosas para mim! Santo é seu nome, e sua misericórdia, de geração em geração, é para aqueles que o temem. Ele realizou proezas com seu braço: dispersou os planos dos soberbos, derrubou do trono os poderosos e elevou

os humildes, cumulou de bens os famintos e despediu vazios os ricos. Auxiliou Israel, seu servo, tendo lembrado da misericórdia, como prometera a nossos pais, em favor de Abraão e de sua descendência, para sempre".
Maria permaneceu com ela cerca de três meses, e depois voltou para sua casa (Lc 1,39-56).

Reflexão

Maria partiu às pressas. Isto nos revela a necessidade de constantemente estarmos a serviço dos irmãos. Não podemos olhar o sofrimento do outro e ficar como mero espectador, pois, quando nos colocamos em atitude de ajuda, somos portadores de Deus em suas vidas. Na saudação de Maria a Isabel, a criança estremece de alegria, pois ela reconhece que a visita de Maria é ação de Deus. Porque Maria foi aquela que acreditou.

Na segunda parte do texto bíblico, somos conduzidos por Maria a reconhecer a grandeza de Deus e nos alegrar, pois o Poderoso faz coisas grandiosas em nossas vidas, porém, é necessário estar de coração aberto e atento aos sinais e às maravilhas que Deus faz em nosso favor.

Oração

Senhora nossa, Maria de Nazaré. A minha alma glorifica o Senhor e exulta de alegria em Deus, meu Salvador. Como é bom chegar neste último dia do mês de maio e proclamar a grandeza de Deus aprendida de teu coração, ó Maria.

Nossa alma glorifica o Senhor pelo dom da família, da comunidade de fé, pelos nossos pais e mães.

Nossa alma glorifica o Senhor... (*o louvor pode ser completado pelo leitor, por quem desejar glorificar ao Senhor*).

Celebração da coroação de Nossa Senhora

Orientador: Irmãos e irmãs, manifestemos a Maria o quanto a admiramos por seu abandono nas mãos de Deus, por sua fé, força e perseverança, diante das dores e sofrimentos de seu Filho, que são os nossos também. E digamos, ao coroar sua imagem, o quanto a amamos e o quanto queremos que ela seja a nossa Rainha e intercessora, junto a seu Filho Jesus.

[*Coreografia dos anjos trazendo a coroa, uma cesta com as pétalas e o manto. Entram os anjinhos cantando*]

Senhora, Rainha / Tão linda estás / Trouxemos presentes / Pra te ofertar / Este manto celeste / Azul cor do Céu / Que protege e guarda / Teus filhos pra Deus / Senhora, Rainha / Tão linda estás / Trouxemos presentes / Pra te ofertar / A coroa é prova / De quem soube amar / E pra ver teu sorriso / Colhemos pra ti / Chuva de pétalas! / Senhora, Rainha / Tão linda estás / Trouxemos presentes / Pra te ofertar / Abençoa as famílias / O nosso país / As crianças / E os jovens / Que esperam em ti.

(Música: Coroação da Virgem Maria. CD *Te coroamos, ó Mãe*. São Paulo: Paulinas-Comep.)

Coroação

Nas flores que te oferecemos está a nossa gratidão. Com elas também te entregamos, ó, Mãe, o nosso coração. Aceita esta coroa, Rainha da terra e dos céus, sinal de quanto te amamos Senhora e Mãe de Deus.

Orientador: Diante da presença de Maria coroada como nossa Rainha, nos sentimos como crianças necessitadas dos cuidados de tão terna e afetuosa Mãe. Queremos confiar a ela nossas vidas, nossos anseios, nossos sonhos e, de modo muito particular, nossas famílias, para que, com suas bênçãos e graças, possamos realizar plenamente a vontade do Pai, na vida de cada um de nós. Amém.

Consagremos nossa vida a Maria, cantando:

Ó minha Senhora e também minha Mãe, eu me ofereço inteiramente todo a vós. / E em prova de minha devoção, eu hoje vos dou meu coração. / Consagro a vós meus olhos, meus ouvidos, minha boca. / Tudo o que sou, desejo que a vós pertença. / Incomparável Mãe, guardai-me, defendei-me, / como coisa e propriedade vossa. Amém (bis).

Rua Dona Inácia Uchoa, 62
04110-020 – São Paulo – SP (Brasil)
Tel.: (11) 2125-3500
http://www.paulinas.com.br – editora@paulinas.com.br
Telemarketing e SAC: 0800-7010081